Businessplan für Existenzgründer

Am Beispiel: Eröffnung eines Secondhandladens für Kinderkleidung und Spielzeug in Griesbeckerzell

Von marie-Elaine Maiwald

Studienarbeit

Hochschule Mannheim

Inhalt

1. Executive Summery

Meine Geschäftsidee umfasst einen Secondhandladen für Kindersachen, diese werden im Laden und online verkauft. Den eigenen Laden richte ich in meinem Eltern- und Wohnhaus ein und gestalte in meinem Sinne.

Die Vorteile liegen dabei klar darin, dass ich nur 100 Euro Kaltmiete bezahlen muss und damit geringeren Fixkosten für mich. Dafür benötige ich zur Gestaltung des Verkaufsraumes, eine Verkaufstheke mit Kasse und Regale für die Präsentation der Produkte.

Die Verkaufsgegenstände werde ich von privaten Haushalten erwerben. Deswegen werde ich nicht nur Werbung im Umkreis für den Verkauf, sondern auch für den Ankauf der Kindersachen machen.

Der Kundennutzen liegt also einmal, in dem Ankauf ihrer nicht mehr benötigten Kindersachen und zum anderen den Verkauf von benötigten Kinderprodukten. Diese werden für einen fairen Preis und guter Qualität angeboten. Im Ankauf werde ich immer handeln, so dass ich die Kindersachen mit 150-200% Gewinnaufschlag weiterverkaufen kann.

Außerdem benötige ich einen Internetzugang und eine Digitalkamera damit ich die Produkte optimal auf eBay anbieten kann. Dafür werde ich Versandkosten verlangen, aber auch die Möglichkeit einräumen diese gekauften Produkte während der Ladenöffnungszeiten abzuholen.

Ankäufe werde ich mir von den Privathaushalten anliefern lassen. Nach vorheriger Terminvereinbarung für größere Gegenstände (z. B. Kinderwagen) und ab einen individuell eingeschätztem höheren Gewinn werde ich sie gegebenenfalls selbst anholen.

Im direkten Umkreis existiert keine Konkurrenz für den Secondhandverkauf von Kindersachen, aber da dass Internet eine große Konkurrenz darstellt, werde ich meine Geschäftsidee nur als Nebengewerbe betreiben.

Die Sicherheit meiner Existenz steht im Vordergrund und wird durch den Hauptverdienst gewährleistet. Das Geschäft inklusive Internetverkauf soll günstig für mich mit 5.000 Euro Startkapital zu errichten sein und als Hinzuverdienst dienen.

Insgesamt verfolgt meine Unternehmensstrategie den Handel mit Secondhandprodukten im Bereich der Kinder von null bis circa elf Jahren, über die Verkaufswege Internet und Direktverkauf im eigenen Ladenlokal.

Bei der Zielgruppenorientierung richte ich mich nach den Antworten des Fragebogens und lege den größten Fokus auf die Eltern mit ihren Kindern im richtigen Alter. Dabei gehe ich auch auf deren Wünsche ein, in dem ich Internetverkauf zusätzlich zum Direktverkauf im Geschäft anbiete.

Das Marktpotenzial schätze ich als teilweise undurchschaubar und deswegen mittelmäßig ein. Dies ist einer der Gründe warum ich nur ein Nebengewerbe gründe. Meine Gedanken dazu sind, dass für einen Haupterwerb das Nachfragepotenzial zu gering ist und ich als Gründerperson sehr auf die Sicherheit meiner Existenz bedacht bin.

Aber groß genug, um ein erfolgreiches Nebeneinkommen darzustellen, da es zwar immer weniger Kinder gibt, jedes für sich immer mehr besitzt als in früheren Zeiten. Früher gab es eine Hose bis diese verschließen war, heute jedoch gibt es so viel wie die Eltern bezahlen können.

Die Innovation besteht vor allem darin, dass ich nicht das normale Secondhandimage vertrete, sondern mit einem modernen Ladenlokal und einer angenehmen Verkaufsatmosphäre das Image des Secondhand bei mir in der Umgebung aufbessern werde.

Die Planungssicherheit ist hoch, da ich davon ausgehen, dass der Laden vor allem bei den Eltern sehr gut ankommen wird.

Nur auf Bezug der zweiten Zielgruppe der Senioren ist die Planungssicherheit unklar, da ich nicht mit gewisser Wahrscheinlichkeit sagen kann, ob die Großeltern das Secondhand Konzept annehmen. Wenn dies der Fall ist setzte ich mehr Waren um als geplant und wenn nicht ist eine Marktdurchdringung gescheitert und ich spezialisiere mich auf den Zielgruppenmarkt der Eltern.

Das Konzept von mir der Gründerin ist es den Kunden durch meine Verkaufsdienstleistung zu begeistern und durch ein Nebengewerbe etwas zum Hauptverdienst hinzu zu verdienen. Durch Werbung direkt an der entsprechenden Zielgruppe werde ich diese für meine Waren begeistern.

Die Persönlichkeit der Gründerin ist vor allem durch Offenheit und Belastbarkeit für diese zusätzliche Tätigkeit mit direktem Kundenkontakt geeignet.

2.   Meine Geschäftsidee

Meine Geschäftsidee dreht dich darum, ungenutzte Räume in meinem Eltern- und Wohnhaus zu nutzen und einen kleinen Laden zu eröffnen. Ich werde einen Secondhandladen für Kindersachen führen und diesen freitags von 14 bis 19 Uhr und samstags von 10 bis 18 Uhr geöffnet haben.

Dabei nehme ich Waren nach Vereinbarung am Telefon, auch unter der Woche, von privaten Haushalten an und verkaufe diese an den Wochenenden und online über eBay an die zukünftigen Kunden weiter. Dabei achte ich darauf, dass wenn die Kunden während der Öffnungszeiten zum Warenverkaufen kommen, dass die weiteren Kunden nichts von den Preisverhandlungen hören.

Da ich bei eBay eine Verkaufspflicht habe, stelle ich die Produkte sonntags bis Mittwochmittag online. Dabei verlange ich ein Mindestangebot, in Höhe das Ladenpreises zuzüglich der Versandkosten bzw. räume den Internetkunden ein das erstandene Produkt während den Laden Öffnungszeiten abzuholen.

Ich werde pro Woche circa fünf Produkte bei eBay veröffentlichen, da ich diesen Verkaufsweg auch hauptsächlich als Werbung für meinen Laden ansehe, mit der zusätzlichen Leistung des Verkaufes meiner Waren.

Der Verkaufsraum wird schön gestaltet mit Wandfarbe, Regalen und einem Kassentresen, der mir auch als Büro dienen soll. Durch die schöne Gestaltung des Verkaufsraumes und die Schaffung einer freundlichen Atmosphäre durch mich, möchte ich das Klischee vom „alten und muffigem" Secondhandladen vertreiben.

Die Bürotätigkeiten, Reinigung des Raumes und der umfunktionierten Gasttoilette zur Kundentoilette führe ich selbst aus. Die Verkäufe, Ankäufe und Wareneingangskontrolle übernehme ich auch, so dass ich kein weiteres Personal benötige.

Die Idee dahinter ist es, ohne hohen Kapitalaufwand und damit verbundenen Risiken einen Hinzuverdienst zu erhalten. Dabei kommt mir meine offene Art und mein Verkaufstalent entgegen.

3.   Rechtsform der Unternehmung

Um diese Nebenselbstständigkeit in einen offiziellen Rahmen zu legen, habe ich die Einzelunternehmung gewählt. Da meine Gründung durch eine einzelnene Person erfolgt. Wodurch alle unternehmensrelevanten Entscheidungen von mir selbst schnell getroffen werden können.

Dies hat jedoch nicht nur Vorteile, sondern auch Nachteile.

Da die Bezeichnung des Einzelunternehmens, eine Einpersonengesellschaft mit uneingeschränkter Haftung beschreibt, muss ich als Gründerin mit meinem vollen Vermögen haften. Das heißt, dass ich das Geschäftsrisiko trage und hafte ohne Beschränkung mit meinem Unternehmens-, aber auch Privatvermögen.

Das Unternehmen werde ich als Kleingewerbe anmelden und muss es deswegen nichts ins Handelsregister eintragen lassen. Diesen dafür festgesetzten maximalen Umsatz von 17.000 Euro im Jahr werde ich vor allem anfangs und voraussichtlich auch in Zukunft nicht überschreiten, da die Gründung ein Nebenerwerb bleiben soll.

Der Vorteil von dieser Unternehmensform liegt für mich vor allem daran, dass ich kein Mindestkapital in den Laden mit einfließen lassen muss.

Außerdem besitze ich dann die alleinige Entscheidungsgewalt in geschäftlichen Fragen, sowie auch die Verfügungsgewalt über das Vermögen des Geschäfts.

Durch das geringe Startkapital von 5.000 Euro habe ich zwar eine geringe Verhandlungsmacht gegenüber von Banken und Lieferanten, aber da ich mit Privaten Anbietern über kleinere Summen und Warenmengen gegen Bargeld handle benötige ich kein Geld von Banken und keine Waren von Lieferanten.

Ein weiterer Vorteil ist, das sich meine Gewinne und den damit verbundenen Erfolg nicht teilen muss. Ein fehlender Geschäftspartner kann auch sein Know-How nicht zusätzlich ins Unternehmen mit einfließen lassen.

Wobei betriebswirtschaftliche Kenntnisse bei mir vorhanden sind und ich in der Lage bin mir fehlende Kenntnisse schnell anzueignen.

4.   Leistungsangebot

Mein Leistungsangebot umfasst allgemein den An- und Verkauf von Kindersachen. Zunächst werde ich ab dem 01. Dezember 2010 damit beginnen Artikel anzukaufen, um mir eine Palette von Produkten aufzubauen, die ich dann zur Eröffnung am Samstag den 15.01.2010 anbieten kann.

Des Weitern dient dieser eineinhalb monatiger Vorlauf auch zum werben von zukünftigen Käufern, in dem ich „fleißig die Werbetrommel rühre". Durch das verteilen von Handzetteln in Kindergärten, Kindertagesstätten, Seniorennachmittagen und Kindersportveranstaltungen.

In meiner Produktvielfalt nehme ich Baby- und Kinderkleidung auf, diese aber beschränkt auf die Altersgruppen der Babies, Kindergarten- und Grundschulkinder. Außerdem werde ich Spiele, wie zum Beispiel Brettspiel, Lernspiele usw. anbieten.

Lego, Playmobil und ähnliches nehme ich unter strengen Auflagen ins Sortiment mit auf. Da die Kontrolle ob alle Teile vorhanden sind sehr aufwendig ist, kann ich dies nur nach Kapazitäten meiner Wareneingangskontrollzeit annehmen oder Pauschalteilpackungen kaufen.

Außerdem nehme ich Sportutensilien und Sportkleidung auf, damit die Kinder in ihrem Sportvereinen mit allem versorgt sind. Dies ist ein bis dahin einzigartiges Konzept in meiner näheren Umgebung und dafür arbeite ich eng mit den ansässigen Sportvereinen zusammen und werbe dort vor Ort.

Kinderwägen, Maxi Cosis, Kindersitze und ähnliches werde ich ins Sortiment aufnehmen, wenn Sie in einem sehr gutem Zustand sind und Lagerplatz vorhanden ist.

Mein Leistungsangebot ist also von den Warenzugängen abhängig, die ich als konstant in ihrer Quantität einschätze, aber sie in ihrer Vielfalt variieren werden.

Die Wareneingangskontrolle wird von mir übernommen, dabei werde ich darauf achten, dass die Kleidung gewaschen ist, die Spiele vollständig sind und alle Produkte in einwandfreiem Zustand sind.

Im Laden biete ich außerdem eine kompetente Beratung und eine angenehme Einkaufsatmosphäre an.

Im Internet präsentiere ich meine Waren und stehe für Rückfragen zur Verfügung. Dort ist meine Haupttätigkeit sonntags die Waren einzustellen und Mittwochsabends diese zu verpacken und sie donnerstags mit der Post zu verschicken.

Die hauptsächliche Eingrenzung auf Kinder im Baby-, Kindergarten- und Grundschulalter liegt daran, da dort meist die Eltern noch für den Einkauf der Kleidung zuständig sind. In diesem Zeitraum sind Modetrends nebensächlich. Eltern entscheide sich zum größten Teil für qualitative gute und dennoch preisgünstige Kleidung.

5.   Markt- und Zielgruppenanalyse

Eine Idee von mir war es die Markt- und Zielgruppenanalyse an Hand einer Befragung in Form eines Fragebogens durchzuführen. Diesen werde ich in Kindertagesstätten und Kindergärten in der Umgebung auslegen.

Dabei habe ich im Vorfeld mit den einzelnen Einrichtungen per Telefon abgesprochen, dass diese Unterlagen von mir eine Woche zur Verfügung gestellt werden und die Betreuungskräfte vor Ort die Eltern zur Teilnahme ermutigen.

Außerdem habe ich diesen Fragebogen im Sportheim Griesbeckerzell ausgelegt mit der identischen Bitte. Nach einer Woche, war ich selbst über die hohe Resonanz überrascht und wurde dadurch noch mehr in meinem Verwirklichungsvorhaben gestärkt.

Den Fragebogen habe ich in elf naheliegenden Kindergärten und Kindertagesstätten ausgelegt und habe 220 ausgefüllte Bögen zur Auswertung erhalten. Die prozentuale Auswertung habe ich im Anhang unter Gliederungspunkt 12.1. angeführt und daraus geht eindeutig hervor, dass ein Großteil des Personenkreises für An- und Verkauf von Secondhandprodukten offen sind.

5.1. Allgemeine Markt- und Branchenanalyse

Aus dem Fragebögen ergab sich des weiteren, dass knapp über die Hälfte der Eltern Ihre Kindersachen über das Internet einkaufen. Aufgrund dessen werde ich meine Artikel zusätzlich über eBay anbieten und die Selbstabholung während den Ladenöffnungszeiten ermöglichen, ansonsten sind die Versand- und Verpackungskosten vom Käufer zu tragen.

Knapp die Hälfte des befragten Personenkreises geht gerne in ein Ladenlokal zum Einkauf, darum werde ich den Laden mit den oben genannten Öffnungszeiten halten.

Es gibt schon sehr viele solcher umgesetzten Ideen in Deutschland, aber keines in näherem Umkreis von Griesbeckerzell. In Augsburg eine 25 Kilometer entfernten Stadt gibt es ein paar solcher Secondhandgeschäfte, wobei sich keines auf Kindersachen spezialisiert hat.

In Aichach eine 10 Kilometer entfernten Stadt existiert ein Secondhandladen, dieser wird aber von Familien aus dem Lande nicht besucht, da der Eigentümer und das sonstige Einkaufspublikum keine angenehme Verkaufsatmosphäre schaffen bzw. fördern.

Dies möchte ich ändern, ich möchte ein Ladenlokal schaffen, in dem sich die Kunden wohlfühlen und gerne wieder kommen, um bei der netten Frau Majovsky einzukaufen.

Kindersachen werden vor allem in den ersten Jahren überproportional viel gekauft, da die Kleinen sehr schnell wachsen. Die Kleidung wird sehr schnell zu klein und vor allem bei den teuren Sportartikeln ist das sehr ärgerlich für die Erziehungsberechtigten.

Mit der Spezialisierung auf Baby- und Kleinkindersachen vor allem Sportkleidung und dazugehörige Utensilien bin ich die Einzige im näheren Umkreis. Im Internet ist dafür die Konkurrenz um einiges größer und deswegen werde ich auch dort meinen Schwerpunkt auf die Kunden im Umkreis legen.

In dem ich anfangs viel werbe und auch über die Verkäufersuche in eBay zu finden bin. Dies ist vorteilhaft für die Kunden, da sie die Artikel selbst abholen können und sich somit die Versandkosten sparen können. Oder sich gemütlich die Warne nach Hause liefern lassen können.

5.2. Erfolgversprechendste Zielgruppe

Unter meine Zielgruppen zählen Großeltern, die für ihre Enkelkinder „schöne Teile" kaufen möchten und den Einkauf in einem kleinen Laden den riesigen Geschäften in der Innenstadt vorziehen.

Alleine die Parkmöglichkeiten sind bei mir vor dem Geschäft ideal und durch mich werde sie kompetent beraten. Ich weiß, dass es schwierig sein könnte, da die Großeltern eher Neuwaren für ihre Enkelkinder bevorzugen und aus ihrer Zeit Secondhandverkauf nicht so bekannt ist bzw. einen sehr schlechten Ruf hat.

Andererseits glaube ich, dass durch die knappe Rente mit den vielen Nullrunden und den steigenden Kosten, ein Bedarf an meinen Sachen bei ihnen gegeben ist. Nur wird es sehr schwierig sein sie für mich und meine Geschäftsidee zu gewinnen. Aber wenn sie einmal gekauft haben sind sie eine sehr treue Kundengruppe, deswegen werde ich sie als Zielgruppe in meinem Geschäftsplan mit aufnehmen.

Meine erfolgversprechendste Zielgruppe sind aber die Eltern mit jungen Kindern, da diese die Bedürfnisse und Wüsche ihrer Kinder kennen und erfüllen wollen.

Diese Zielgruppe möchte ihren Kindern alles bieten und dabei kann sie mein Secondhandladen unterstützen. Was auch die Ergebnisse der Zielgruppenbefragung hervorgebracht hat.

5.3. Wünsche, Bedürfnisse und die brennendsten Probleme der erfolgversprechendsten Zielgruppe

Die meisten Eltern möchten ihren jungen Kindern schöne Sachen bieten, da sie zum Beispiel früher nicht so viele Spielsachen hatten oder immer zu große Kleidung bekamen, damit sie diese möglichst lange tragen können. Problematisch dabei ist die hohe finanzielle Belastung durch beispielsweise hohe Wohnnebenkosten wie Heizöl.

In dem vorher erwähnten Laden in Aichach gehen die meisten aus Prinzip nicht hin, da sie sich nicht mit den anderen Kunden und dem Besitzer identifizieren können.

Bei mir erhalten Sie beispielsweise gebrauchte Fußballschuhe zum günstigen Preis gegenüber dem Neukauf und können so ihren Kindern vieles mehr in der passenden Größe bieten.

Außerdem biete ich Ihnen einen angenehmen Verkaufsraum mit kompetenter und freundlicher Beratung durch mich. Viele meiner Kunden werden mich auch privat kennen und wissen, dass ich keinen typischen Secondhandladen eröffnen werde. Mit viel Engagement und Leidenschaft werde ich das staubige Image des Secondhandbranche bei mir in der Umgebung umkrempeln.

Ein berennendes Problem der Eltern ist zum Beispiel, dass ihre Kinder mithalten wollen und zum Beispiel Fußball im Verein spielen wollen. Dieser Sport ist anfangs sehr teuer, da die Kleinen schnell aus den Schuhen heraus wachsen und neue benötigen. Bei mir bekommen sie keine Neuwaren, dafür aber neuwertige

Secondhand Produkte in einwandfreier oder fast schadensfreier Qualität.

Diese Zielgruppe geht sehr geübt mit dem Internet um und ist immer auf „Schnäppchenjagt", um die schönsten Teile für ihre Kinder besorgen zu können. Um auf dieses Bedürfnis einzugehen und den Kunden zu ermöglichen in Ruhe zu Hause vor dem PC das gewünschte Produkt aussuchen zu können, verkaufe ich einen Teil meiner Verkaufspalette auch über eBay und akquiriere dadurch auch wieder neue Kunden für mein Geschäft. Dabei verweise ich auf die Abholmöglichkeit bei mir im Laden mit den Öffnungszeiten und Anfahrtsbeschreibung und werbe somit über eBay auch für mein Geschäft.

5.4. Ihr einzigartiger Kundennutzen für Ihre erfolgversprechendste Zielgruppe

Mein einzigartiger Kundennutzen für die erfolgversprechendste Zielgruppe ist die Spezialisierung auf Kinderprodukte. Dabei konzentriere ich mich auf vielfältige Waren für Kinder im Alter von null bis circa elf Jahren und dies ist einmalig im Umkreis von 25 Kilometer.

Des Weitern ist die zusätzliche Aufnahme von Sportutensilien sehr selten und dies wird den Eltern ermöglichen die vielen verschiedene Erprobungsphasen im sportlichen Bereich ihrer Kinder zu unterstützen.

Ich kenne dies aus meiner eigenen Kindheit, bis ich als Kind den passenden Sport gefunden hatte, bei dem ich bleiben möchte, testete ich viele verschiedene Sportarten aus. Zum Beispiel Tennis im Ort nebenan, Fußball oder doch Judo in Friedberg und so weiter. So passierte es sehr häufig, dass meine Mutter Artikel für diese Sportart gekauft hat und nach einem Sommer habe ich damit aufgehört.

Die meisten Sachen waren in gutem Zustand und man hätte sie weiter verkaufen können. Meine Mutter wäre froh gewesen, wenn sie einige der Kindersachen als Secondhandartikel preiswerter bekommen hätte.

Diesen Nutzen können meine Kunden aus meinem Laden ziehen und damit preiswerte, aber qualitativ gute Produkte erhalten. Ich werde keine Kleidung von Kleidungsdiscountern ankaufen und weiterverkaufen.

Die Artikel müssen einem Qualitätsstandard erfüllen und nicht zum Beispiel von einem Kleidungsdicounter, bei dem die Hose neu nur einen Euro kostet. Die Kleidungsstücke sollen aus guten Materialen gefertigt sein, wie beispielsweise Baumwolle als Hauptbestandteil zu dem müssen sie gut verarbeitet sein.

Sportartikel sind nur verfügbar, wenn sie funktionsfähig und in einem allgemeinem guten Zustand sind.

Das Sortiment ist sehr vielfältig, dafür aber auch teilweise beschränkt, da es keine Garantie für das Vorhandensein bestimmter Waren gibt. Darüber sind sich die meisten Kunden im klaren, dies ist das was Secondhand ausmacht.

Denjenigen, die dies kritisieren werde ich für den unterschiedlichen Wareneingang sensibilisieren und um Verständnis bitte.

6.   Marketing für Ihre erfolgversprechendste Zielgruppe

Als Marketingkonzept konzentriere ich mich vor allem auf viel Werbung, die kontinuierlich von statten läuft. Dabei setze ich vorwiegend auf Handzettel und Mundpropaganda.

Ich werbe vor der Geschäftseröffnung hauptsächlich für den Ankauf von Waren. Dies aber nur bei der entsprechenden Zielgruppe, nämlich den Eltern und zeitnah vor der Eröffnung hauptsächlich für den Verkauf der Produkte bei beiden Zielgruppen, den Großeltern und Eltern.

Übers Internet werbe ich nur an Hand meines Verkäuferprofils auf eBay für mein Geschäft mit seinen Öffnungszeiten. Durch das genehmigen der Selbstabholung finden die Kunden in mein Ladenlokal und werden teilweise noch weitere Stücke zum Kauf finden, da ich auf eBay immer nur ein in etwa fünf Teile pro Woche aus der gesamten Produktpalette anbieten werde. Da es ansonsten ein sehr zeitaufwendiges und finanzielles unterfangen wäre.

6.1. Zielgruppenmarkt

Wie im Laufe des Businessplan herausgearbeitet, werde ich den Zielgruppenmarkt in zwei Gruppen aufteilen. Einmal die Eltern mit ihrem Babies, Kindergarten- und Grundschulkindern, die im Marketingkonzept bereits ab Ende November für mein Geschäft sensibilisiert werden.

Der zweite Teilzielgruppenmarkt sind die Senioren mit ihren Enkelkindern. Diese werden erst bei der zweiten Werbewelle angesprochen. Die Werbestrategie ist identisch, aber die Handzettel so gestaltet, dass das Hauptaugenmerk auf den Kauf von Kindersachen für ihre Enkel angelegt ist. Die Handzettel, die ich auf den Seniorentreffen bzw. −nachmittagen verteile sind vom Layout auf diese Zielgruppe angelegt.

Diese Segmentierung habe ich vorgenommen, um bei der Werbung spezifisch auf die unterschiedlichen Zielgruppen einzugehen und damit eine optimale Werbeansprache zu schaffen.

Das konkrete und vollständige Marketingkonzept wird unter dem Gliederungspunkt 7.4 Absatzförderung beschrieben.

6.2. Zielgruppenorientierte Konkurrenzanalyse

In der näheren Umgebung existiert wie bereits genannt nur ein Secondhandgeschäft im 10 Kilometer entfernten Aichach. Dieses ist aber nicht, wie ich auf Babies- und Kleinkinderprodukte spezialisiert und spricht eine andere Kundengruppe an, als ich es mit meinem Laden möchte. Ich bin mit meinem Konzept und meinen Zielgruppen im Umkreis von 25 Kilometer die einzigeartig.

Im Internet und bei eBay ist diese Einzigartigkeit nicht gegeben, dort gibt es viele Konkurrenzanbieter, die Kinderwaren ankaufen, verkaufen und verschicken. Wie bereits erläutert, ist dies einer der Gründe, warum ich auf meiner Geschäftsidee basierend nur ein Nebengewerbe anmelde möchte.

Dazu gehört auch, dass in meinem Einzugsgebiet drei kleinere Städte namens Aichach, Friedberg und Schrobenhausen und mehrere Dörfer liegen. Was zu weniger Kundenpotenzial als in einer Großstadt führt. Dafür habe ich aber auch keine Konkurrenz vor Ort, sondern nur im Internet.

Die einzige mögliche Konkurrenz sind einmal im Monat stattfindende Flohmärkte speziell für Kindersachen in Aichach. Dort werde ich auch auftreten und vor allem versuchen meine „Ladenhüter" zu verkaufen. Aber auch „EyeCatcher" Produkte anbieten und gleichzeitig für mein Geschäft werben.

6.3. Absatzkonzept – Preisstrategie

Auf meine Produkte werden im Verkaufspreis immer ein Aufschlag von 150 bis 200% gegenüber dem Einkaufspreis beinhaltet sein. Dies dient zum Kosten decken und natürlich zum erwirtschaften eines Gewinnes.

Preisnachlass werde ich bei Großeinkäufen Einzelfallbezogen gewähren und wenn ich so „Ladenhüter" verkaufen kann. Dabei gehe ich aber nie unter den Einkaufspreis des Produktes, so dass ich zwar nichts mehr am Produkt verdiene und keine Betriebskosten decken kann, aber zumindest keine Verluste erwirtschafte.

6.4. Absatzförderung

Zunächst möchte ich ab Ende November anfangen für den Ankauf von Waren zu werben. Dabei verteile ich Handzettel in allen Kindergärten, Kindertagesstätten, Grundschulen und Sportheimen im Umkreis von 20 Kilometer.

Davon erwarte ich mir erstens Bekanntmachung meines zukünftigen Geschäfts, da ich den Eröffnungstermin auch auf dem Werbezettel angebe.

Zweitens genügend Material zum Ankauf, um am Eröffnungstermin im Januar eine große Auswahl von interessanten Produkten anbieten zu können.

Drittens Interesse bei meinen zukünftigen Kunden wecken und sie mit dem Verkauf ihrer Waren an mich, auf mich und mein Geschäft aufmerksam zu machen.

Dabei werde ich die Kunden von meinem Geschäft überzeugen, ggf. schon einmal den Geschäftsraum zeigen. Nochmal auf die Eröffnung aufmerksam machen und durch meine freundliche und offene Art positiv in Erinnerung zu bleiben und sie auf mein Geschäft neugierig zu machen.

Im zweiten Schritt werde ich, ab Anfang Januar die zweite Werbewelle starten und persönlich die Handzettel mit Einladung zum Eröffnungstag am 15. Januar 2011 weiter reichen. Dabei gehe ich immer zur Eröffnung der Kindergärten, Tagesstätten, Grundschulen und verteile sie persönlich an die Mütter, Väter und weitere Personen, die die Kinder zur Einrichtung bringen.

Außerdem besuche ich die Seniorenveranstaltungen in der näheren Umgebung und werbe um die Großeltern der Kinder. Ich hoffe, dass ich diesen Zielgruppenmarkt für mein Geschäft begeistern kann. Aber wie bereits erläutert, kann ich darüber keinerlei Einschätzung abgeben. Ab Januar besuche ich auch die Basare für Kindersachen einmal im Monat, werbe dort mit Visitenkarten und Handzetteln für mein Geschäft bei Käufern auf dem Flohmarkt.

Dann werde ich einmal pro Quartal immer neu gestaltete Prospekte mit interessanten und vor allem unterschiedlichen Angeboten herausbringen, um zu zeigen, dass nicht nur Kinderbekleidung verkauft wird, sondern auch dass das Sortiment ständig wechselt. Diese gestalte ich selbst und drucke sie zu Hause aus.

Dabei achte ich auf einen Wiedererkennungswert durch mein Geschäftslogo und identische Gestaltung wie beispielsweise in der Schriftart und Anordnung. Unterscheidung zu den alten Handzetteln sind vor allem die angebotenen Waren und die Farbe des Zettels.

Damit die Kunden durch das Logo auf mich aufmerksam werden und durch die unterschiedliche Farbe bemerken, dass es sich um einen neuen Handzettel handelt. Diese werden im Design auffällig, aber ansprechend gestaltet und haben „Eye-Catcher" als Überschriften, um Aufmerksamkeit zu erregen.

Auf jedem Werbematerial von mir wird angeworben, dass ich auch über eBay verkaufe mit der Verkäufer Identifikationsnummer und die Adresse mit Öffnungszeiten meines Verkaufslokales. Des Weitern wird der Ankauf und Verkauf der Waren heraus kristallisiert und das angenehme Einkaufsklima im Laden betont.

7. Standortanalyse

In der Standortanalyse werden die Vor- und Nachteile meines Standortes beschrieben und die Art der Ausstattung meiner Betriebsräume näher erläutert.

7.1. Grundlegende Überlegungen

Da meine Geschäftsidee darauf basiert ungenutzte Räume in meinem Eltern- und Wohnhaus in Griesbeckerzell zu nutzten werde ich keinen weiteren Standort analysieren. Ich möchte die Fixkosten so gering wie nur möglich halten und deshalb schließe ich es aus einen Geschäftsraum anzumieten.

Da die angesetzte Kaltmiete von 100 Euro sehr gering ist gibt es keinen Verkaufsraum, den man so günstig anmieten kann wie es bei mir zu Hause vorliegt.

7.2. Checkliste: Art und Ausstattung der Betriebsräume

Zunächst werde ich die baulichen Gegebenheiten näher erläutern. Im Eingangsbereich befindet sich eine Gästetoilette, diese werde ich in eine gemischte Kundentoilette umwandeln.

Daneben befindet sich ein ungenutzter 45 Quadratmeter großer Raum, dieser wird mein Verkaufsraum. Dahinter befindet sich ein 5 Quadratmeter großer Lagerraum, dies war früher eine Speisekammer, in dem ich ein kleines Lager einräume. Falls es nötig ist kann ich Kinderwägen und MaxiCosi in der Garage zwischenlagern, dies versuche ich aber zu vermeiden und diese im Verkaufsraum auszustellen.

Im Verkaufsraum benötige ich eine Verkaufstheke und eine Kasse. Hinter der Theke steht auch mein Laptop mit Internetzugang und ein Telefon. Außerdem ist dies gleichzeitig mein Büro. Des Weitern benötige ich eine Digitalkamera mit der ich meine Produkte fotografieren kann, um sie auf eBay präsentieren zu können.

Für das Lager benötige ich Wandregale, für den Verkaufsraum Verkaufsregale und schöne Wandfarben.

Diese drei Räume kann man vom Rest des Hauses, also den privaten Räumen durch eine Türe trennen. Im Verkaufsraum befindet sich ein schönes großes Fenster zur Straße hin, welches als Schaufenster gestaltet wird.

7.3. Entscheidungshilfe bei mehreren Standorten

Bei allen anderen Standorten muss ich Miete zahlen, deswegen entscheide ich mich für den Standort bei mir im Eltern- und Wohnhaus.

8. Realisierungsplan

Im Oktober 2010 werde ich die Handzettel für meine Werbung anfangen zu entwerfen und die ersten Mitte November zu Hause ausdrucken. Außerdem werde ich den Verkaufsraum und das Lager leer räumen und putzen.

Ab November beginne ich Möbelhäuser und Baumärkte nach den passenden Möbeln zu durchsuchen. Als erstes kaufe ich die Wandfarben weiß, rot und Terrakotta, um eine warme Atmosphäre zu schaffen. Des Weiteren werde ich in Elektrogeschäften nach einer kostengünstigen Digitalkamera suchen. Weitere elektronische Produkte müssen nicht neu gekauft werden, da ich meinen privaten Laptop, Telefon und Drucker nutzen werde.

Ab Mitte bis Ende November vollziehe ich die erste Werbewelle, in dem ich die einzelnen Einrichtungen abtelefonieren und die Angestellten dafür sensibilisieren ihre Kunden auf mein Geschäft aufmerksam zu machen. Des Weiteren bringe ich die Handzettel persönlich in die Kindertagesstätten, Kindergärten und Grundschulen im Einzugsgebiet von 25 Kilometer Umkreis.

Bis Ende des Jahres werde ich die einzelnen Möbel gekauft und aufgebaut haben. Außerdem vergleiche ich Preise bei Telefon- und Internetflatrates und schließe die Verträge bis zum 31.12.2010 ab. Da ich diesen zu 50 % privat nutze werde ich nur die Hälfte als Geschäftsausgaben werten.

Die ersten zwei Wochen im Januar nutze ich als Puffer vor der Eröffnung, um eventuelle Verzögerungen bei den Arbeiten nacharbeiten zu können. Außerdem muss ich Ende Dezember und Anfang Januar die zweite Werbewelle starten.

Dabei ergänzen nun Seniorenveranstaltungen meine Werbetour, die individuelle Handzettel kreiert bekommen. Des Weiteren werde ich in dieser zweiten Werbewelle persönlich die Flyer an die Eltern, Kinder und Großeltern verteilen, wie ich dies unter Absatzförderung beschrieben habe.

Ab November starte ich die die Annahme meiner Ware und räume diese, wenn der Verkaufsraum fertig ist, direkt in die Regale ein. Somit richtige ich meinen Verkaufsraum ein und fülle ihn mit ansprechenden Waren. Zwei Tage vor der Eröffnung putze ich noch einmal alles durch und organisiere Orangensaft, Sekt und Gläser für einen kleinen Empfang am Eröffnungssamstag.

9. Drei-Jahresplanung

Die Drei-Jahresplanung für meinen Businessplan umfasst den Zeitraum vom 01.01.2011 bis zum 31.12.2013. Da ich am 01.01.2011 mein Unternehmen rechtskräftig gründe, aber meinen Eröffnungstag des Ladenlokals habe ich aus Werbegründen auf dem 15.01.2010 gelegt.

9.1. Hintergrund für die Geschäftsplanung

Neben meiner beruflichen Haupttätigkeit als Fachkraft für Arbeitsvermittlung will ich mir ein zweites Standbein aufbauen. Dabei ist es mir wichtig, nicht wie in meinen bisherig getätigten Nebenjobs im Lager zu arbeiten oder Prospekte zu verteilen, sondern etwas Neues auszuprobieren.

Ich will eine Tätigkeit ausführen, die mir persönlich Spaß macht und bei der ich direkten Kundenkontakt habe. Als Eigentümerin eines kleinen Ladenlokals habe ich direkten Kontakt mit den Kindern, Eltern und Großeltern. Außerdem kann ich meine Absatzmenge und Bekanntheit über das Internet noch erweitern und trotzdem mein Geschäft zusätzlich mit persönlicher Beratung führen.

Meine Idee ist es ungenutzte Räume in meinem Eltern- und Wohnhaus zu nutzen, damit kann ich von zu Hause aus arbeiten und habe keine langen Anfahrtswege. Mir ist es wichtig durch möglichst geringe Fixkosten nur einen geringen Verkaufs- und Erfolgsdruck zu haben.

Hintergrund der Nebenselbstständigkeit ist es also mit niedrigen Fixkosten einen Zusatzverdienst zu erhalten. Des Weiteren einmal mein eigener Chef sein und selbst die Arbeitsabläufe etc. bestimmen zu können. Außerdem liegt mir der Kontakt mit Kindern besonders und auch mit ihren Eltern bzw. Großeltern kann ich gut umgehen.

9.2. Absatzplan

Ich werde drei unterschiedliche Absatzwege für mein Unternehmen nutzen. Erstens verkaufe ich die Waren direkt in meinem Ladenlokal mit individueller Verkaufsberatung vor Ort. Dies ist aber nur während den Öffnungszeiten freitags und samstags möglich, da ich in einem Angestelltenverhältnis in Vollzeit von Montag bis Freitag stehe.

Zum Zweiten verkaufe ich meine Waren über das Internet. Nämlich indem ich die Waren mit Mindestangebot in eBay einstelle und von Sonntag bis Mittwoch können meine Kunden diese ersteigern.

Dabei räume ich es ihnen ein die Produkte per Post zu erhalten oder sie selbst im Ladenlokal abzuholen. Bei Postsendungen müssen die Kunden die Versand- und Verpackungskosten selbst tragen und somit entstehen mir bei Postversand keine zusätzlichen Kosten. Wenn sie die Waren direkt im Ladenlokal während den Öffnungszeiten abholen, sparen sie sich diese Zusatzkosten und können sich außerdem vor Ort nach weiteren interessanten Produkten umsehen.

Zum Dritten gehe ich einmal im Monat auf Basare für Kinderkleidung in Grundschulen oder Kindergärten. Dort präsentiere ich ein paar meiner Waren und werbe für mein Ladenlokal. Des Weiteren versuche ich „Ladenhüter" durch reduzierte Preise an den Mann zu bringen.

9.3. Umsatzplan

Durch die vorangegangene kritische Markt- und Konkurrenzanalyse rechne ich mit einem durchschnittlichen Monatsumsatz von 900 bis 1100 Euro. Je nachdem wie gut meine Werbebemühungen ankommen und das Kundenpotenzial sich durch die Gruppe der Großeltern erweitert kann dieser Umsatz noch gesteigert werden.

Im ersten Monat gehe ich von einem Umsatz von 700 Euro aus, da ich zwar nur 14 Tage mein Geschäft geöffnet habe. Aber vor allem im Hinblick auf den Eröffnungsempfang mit einer hohen Kaufresonanz rechne.

9.4. Betriebsmittelplan

Die Kosten für die Betriebsmittel sind für das erst Jahr monatsgenau und für das zweite und dritte Jahr quartalsgenau im Anhang aufgelistet. Unter diesem Gliederungspunkt werde ich die einzelnen Punkte erläutern, wie ich auf die angegebene Summe gekommen bin.

Beiträge und Gebühren setzen sich im Januar aus 52 Euro Haftpflichtversicherungsbeitrag für ein Jahr und 10 Euro eBay Kosten zusammen. Die eBay Kosten habe ich bewusst gering angesetzt, da ich aus Zeit und Kostengründen pro Woche nur fünf Produkte online stellen werde.

Dies dient vor allem auch Werbezwecken, damit mehr Menschen auf meinen Laden aufmerksam werden. Zusätzlich noch 60 Euro für Erdöl, Wasser und Strom. Im Eröffnungsmonat habe ich 21 Euro für Sekt, Orangensaft, Gläserleihgebühr und kleine selbst zubereitete Snacks mit eingerechnet.

Da ich mein Kfz hauptsächlich privat nutze fließen dessen Versicherung, Reparaturen und laufende Betriebskosten nicht in meine Betriebsmittelkosten mit ein. Ich rechne nur die wirklich gefahren Kilometer wie es das Bundesreisekostengesetz mit 0,30 Euro pro Kilometer erstattet.

Die Werbekosten setzen sich aus den Flyer für 20 Euro und den Verteilungskosten von 9 Euro für 30 gefahrene Kilometer zusammen.

Die Kosten für die Handzettel, die ich selbst gestalte am Laptop und über den Drucker ausdrucke setzen sich wie folgt zusammen:

Kosten für einen schwarzen Toner sind 70 Euro, Kosten für gutes weißes Papier (500 Blatt) sind 10 Euro und Kosten für 500 Blatt buntes Papier sind 20 Euro. Daraus folgt, dass ich für 250 Handzettel Produktionskosten in Höhe von 20 Euro habe.

Die Reisekosten setzen sich aus den 10 Kilometern zu dem einmal im Monat stattfindenden Basar für Kinderkleidung statt und sechs Euro habe ich für sonstige Fahrten zu guten Kunden angesetzt, da ich dies nur in Ausnahmefällen mache so gering gehalten. Außerdem fahre ich jeden Mittwoch drei Kilometer zu einer Packstation der Deutschen Post, um die eBay Bestellungen los zu schicken.

Ich werde kein geschäftliches Faxgerät benötigen, aber dafür ein Telefon und Internetzugang. Dafür nutze ich eine Internet- und Telefonflatrate zu 50% geschäftlich und zu 50% privat. Es gibt zwei verschiedenen Nummern und eine davon wird meine geschäftliche Nummer und eine die private. Den Internetzugang benötige ich zur Überwachung meiner eBay Tätigkeit und der Beantwortung von Emails von Kunden. Da ich mir auch eine kostenlose Emailadresse für geschäftliche Zwecke bei web.de einrichten werde.

Da ich als Geschäftskunde nicht dazu verpflichtet bin es zu melden, werde ich bei der norisbank ein kostenloses Konto für Privatkunden eröffnen. Auf diesem Konto entstehen mir keinerlei Kosten, auch nicht für Überweisungen. Über dieses Konto wickle ich meine eBay-Geschäfte ab und zahle dort meine Umsätze ein bzw. hebe Geld für Produkteinkäufe ab.

Für Bürobedarf und Porto habe ich monatlich nur fünf Euro angesetzt, da ich im normalen Geschäftsbetrieb keine Portokosten habe und nur ein wenige Büroutensilien für die Überschussrechnung benötige.

9.5. Personalplanung

Alle Aufgaben in meinem Geschäft werde ich selbst übernehmen und da ich nicht vor habe zu expandieren lehne ich lieber Arbeit ab als Personal einzustellen.

9.6. Investitions- und Abschreibungsplan

Zu Beginn habe ich einen langfristigen Kapitalbedarf von 1750 Euro. Diese beinhalten eine neu gekaufte Digitalkamera von canon für 150 Euro, Kosten für Wandfarbe von 100 Euro und Kosten für die Einrichtung meines Verkaufsraumes, Lagerraumes und der Büro Ecke von 1400 Euro.

Als Sacheinlage bringe ich den Laptop, den Drucker und das Telefon gebraucht aus dem Privaten in das Unternehmen ein. Vor der Gründung fallen noch Kosten in Höhe von 100 Euro für Werbung für die Eröffnung und Beschaffung der Produkte an.

Der kurzfristige Kapitalbedarf liegt bei 1063,99 Euro, dieser deckt die ersten sechs Monate finanziell ab. Dies macht insgesamt einen Kapitalbedarf von 2813,99 Euro, dazu kommen noch circa 500 bis 1000 Euro, die ich im Vorfeld für den Einkauf von Waren benötige. Diese Besorgungen sind wichtig, damit ich am Eröffnungstag meiner Kundschaft eine große Auswahl an Waren bieten kann und sie damit an mich binde.

Im Ersten Jahr schreibe ich die Digitalkamera ab, da es sich um ein geringwertiges Wirtschaftsgut handelt. Die Einrichtungskosten für den Verkaufsraum, Lagerraum und Bürobereich schreibe ich linear über drei Jahre ab, also jeweils 500 Euro pro Jahr.

9.7. Finanzierungsplan

Aus privaten Sparanlagen bringe ich 5000 Euro Eigenkapital in die Gründung mit ein. Dieses Geld deckt den kurzfristigen und langfristigen Kapitalbedarf ab.

Dies führt dazu, dass ich keinen Finanzierungskredit aufnehmen werde und trotzdem mit 2186,01 Euro liquide genug bin um meine Wareneinkäufe zu tätigen. Die Verkaufserlöse lege ich auf dem kostenfreien Girokonto der norisbank an und tätige davon anstehende Überweisungen.

9.8. Plan und Gewinn- und Verlust-Rechnung

Ich zahle keine direkte Kaltmiete für den Verkaufsraum, aber da ich eine private Miete bezahle, habe ich 100 Euro Kaltmiete für den Verkaufsraum angesetzt. Da mir diese Kosten real entstehen und dies nur nicht durch einen extra Mietvertrag geregelt ist, habe ich die Kaltmiete prozentual auf meine gesamte Wohnfläche berechnet und diese als Aufwendungen festgehalten.

Ich habe bewusst die Umsätze eher gering gehalten, da ich ein Sicherheitsbewusster Mensch bin und deswegen lieber im Businessplan festhalte, was meiner Meinung und Analyse nach mindestens zu erwirtschaften ist.

Da ich eine Einzelunternehmung gründe und unter einem Umsatz von 24.500 Euro jährlich bin und auch die nächsten drei Jahre bleiben werde muss ich keine Gewerbesteuer bezahlen. Die Umsatzsteuer beträgt 19 Prozent.

Die monatlichen Werte des ersten Jahres und die jährlichen der folgenden zwei Jahre meiner Gewinn- und Verlust-Rechnung sehen sie im Anhang.

9.9. Plan-Liquiditätsplanung

Wie im Anhang unter der Liquiditätsplanung zu sehen ist bin ich durchschnittlich mit mindestens 400 Euro im Monat liquide. Dabei habe ich meine Wareneinkäufe unter Investitionen aufgeführt in Höhe von 375 Euro festgelegt.

Durch meine Liquidität kann ich bei guten und größeren Produkten, wie zum Beispiel einem Kinderwagen auch einmal außerordentlich zu schlagen. Damit kann ich zusätzliche Umsätze erwirtschaften, die jetzt noch nicht mit aufgenommen sind. Des Weiteren kann ich Zahlungsverzögerungen abfedern und Rechnungen begleichen.

10. Chancen und Risiken

Die Risiken, die bestehen sind vor allem, dass ich keine Kundschaft bzw. zu wenige mit meinen Produkten anspreche. Nach meiner bisherigen Beobachtung und Einschätzung wird das nicht der Fall sein, aber ein Restrisiko besteht immer.

Noch ein anderes Risiko besteht darin, wenn ich zu viele Kunden habe, dass ich nicht schnell genug mit Warennachschub reagieren kann. Falls es dazu kommt würde ich Kleiderpakete übers Internet bestellen und meine Werbung für den Ankauf von Waren verstärken.

Außerdem bestehen Risiken im familiären Bereich, dass die Akzeptanz meiner Tätigkeit sinkt und es somit zu privaten Problemen kommen kann.

Chancen darin sehe ich vor allem darin, dass mein Geschäft besser läuft als im Businessplan gedacht und ich somit mehr Einnahmen habe.

Es könnte auch die Chance bestehen, dies zu einem Vollerwerb auszubauen. Aber ich persönlich schätze dafür das Absatzpotenzial als zu gering ein und ich als Gründerpersönlichkeit möchte meine sichere Arbeitsstelle nicht gegen eine reine Selbstständigkeit einlösen.

11. Anhang

11.1. Fragebogenauswertung

Wie viele Kinder haben Sie?

78% haben ein bis zwei Kinder

19% haben drei bis vier Kinder

3% haben fünf und mehr Kinder

Wie alt sind Ihre Kinder?

29% der Kinder sind zwischen null und drei Jahre alt

38% der Kinder sind im Kindergartenalter

31% der Kinder befinden sich in der Grundschule

2% der Kinder sind auf der Haupt-; Realschule oder Gymnasium

Kaufen Sie Kindersachen lieber im Internet oder in einem Laden ein?

58% kaufen Kindersachen übers Internet

42% gehen Kindersachen lieber in einem Ladenlokal einkaufen

Hätten Sie Interesse alte Kindersachen zu verkaufen?

(zu kleine Kleidung, Kind ist zu groß für den Kinderwagen oder das Spiel etc.)

85% antworteten mit Ja

10% wollen die Sachen für Ihre Enkelkinder aufheben

5% wissen es nicht

Würden Sie Secondhand Kindersachen in gutem Zustand kaufen?

78% der befragten Personen antworteten mit Ja

12% weiß ich nicht vielleicht

10% antworteten mit nein

Wie häufig kaufen die Großeltern Kindersachen?

65% antworteten mit häufig (mehr als vier mal im Monat)

20% antworteten mit manchmal (ein bis drei mal pro Monat)

5% antworteten mit sehr selten (null bis ein mal pro Monat)

12.2 Betriebsmittelplan

Betriebsmittelkosten in Euro für das erste Geschäftsjahr

	Jan	Feb	Mar	Apr	Mai	Jun	Jul	Aug	Sep	Okt	Nov	Dez
- Beiträge und Gebühren	122	70	70	70	70	70	70	70	70	70	70	70
- KFZ Versicherung	0	0	0	0	0	0	0	0	0	0	0	0
- KFZ Reparaturen	0	0	0	0	0	0	0	0	0	0	0	0
- lfde. KFZ Betriebskosten	0	0	0	0	0	0	0	0	0	0	0	0
- Werbekosten	50	0	0	29	4,99	0	29	0	0	29	0	0
- Reisekosten	9	9	9	9	9	9	9	9	9	9	9	9
- Telefon / Fax / Internet	10	10	10	10	10	10	10	10	10	10	10	10
- Rechts- und Steuer-beratung	0	0	0	0	0	0	0	0	0	0	0	0
- Bankgebühren	0	0	0	0	0	0	0	0	0	0	0	0
- Bürobedarf und Porto	5	5	5	5	5	5	5	5	5	5	5	5
Summe der Betriebsmittelk.	196	94	94	123	98,99	94	123	94	94	123	94	94

	1.QT	2.QT	3.QT	4.QT	Summe 2.Jahr	1.QT	2.QT	3.QT	4.QT	Summe 3.Jahr
- Beiträge und Gebühren	262	210	210	210	892	262	210	210	210	892
- KFZ Versicherung	0	0	0	0	0	0	0	0	0	0
- KFZ Reparaturen	0	0	0	0	0	0	0	0	0	0
- lfde. KFZ Betriebskosten	0	0	0	0	0	0	0	0	0	0
- Werbekosten	50	33,99	29	29	141,99	29	33,99	29	29	120,99
- Reisekosten	27	27	27	27	108	27	27	27	27	108
- Telefon / Fax / Internet	30	30	30	30	120	30	30	30	30	120
- Rechts- und Steuer-beratung	0	0	0	0	0	0	0	0	0	0
- Bankgebühren	0	0	0	0	0	0	0	0	0	0
- Provisionen	0	0	0	0	0	0	0	0	0	0
- Bürobedarf und Porto	15	15	15	15	60	15	15	15	15	60
- Tilgung (Kredit)	0	0	0	0	0	0	0	0	0	0
					0					0
					0					0
Summe der Betriebsmittel-kosten	384	316	311	311	**1322**	363	316	311	311	**1301**

12.3 Kapitalbedarfs- und Finanzplan

Kapitalbedarfs- und Finanzplanplan

I.1 Kapitalbedarf

I.1 Langfristiger Kapitalbedarf
1. Büroeinrichtung

EDV-Anlage Aufrüstung		0	0
Laptop		0	0
Fax		0	0
Erstausstattung Büromaterial		100	100
Sonstiges		1550	1550
	Summe	1650	1650

2. PKW   0

3. Markterschließung

Logo, Web-Seite		0	0
Anzeigen		100	100
	Summe	100	100

4. Gründungskosten (Fachliteratur, Beratung)   0   0

Zwischensumme   1750

I.2 Kurzfristiger Kapitalbedarf
1. Lfd. Betriebskosten (6 Monate)

Miete, NK, Verwaltung		900	900
KfZ, Reise		54	54
Versicherung, Zinsen		26	26
Werbung, Fortbildung, Sonstiges		83,99	83,99
	Summe		1063,99

2. Private Lebensführung (6 Monate)   0   0

Zwischensumme   1063,99

Gesamt   **2813,99**

II. Finanzplan

II.1 Langfristiges Kapital

1. Eigenkapital		5000	5000
2. Sacheinlage		0	0
	Summe		5000

II.2 Kurzfristiges Kapital

1. Privates Darlehen		0	0
2. Gründerzuschuss		0	0
	Summe		0

Gesamt   **5000**

12.4 Plan der Gewinn- und Verlustrechnung

Planzahlen GuV 2011

		Januar	Februar	März	April	Mai	Juni	Juli	August	September	Oktober	November	Dezember	Summen
	Erträge													
1	Umsatz	700,00 €	1.000,00 €	1.000,00 €	1.000,00 €	1.000,00 €	1.000,00 €	1.000,00 €	1.000,00 €	1.000,00 €	1.000,00 €	1.000,00 €	1.000,00 €	11.700,00 €
2	+ Überbrückungsgeld	0,00 €	0,00 €	0,00 €	0,00 €	0,00 €	0,00 €	0,00 €	0,00 €	0,00 €	0,00 €	0,00 €	0,00 €	0,00 €
3	+ Prüfentschädigung	0,00 €	0,00 €	0,00 €	0,00 €	0,00 €	0,00 €	0,00 €	0,00 €	0,00 €	0,00 €	0,00 €	0,00 €	0,00 €
4	./. Investitionen	200,00 €	200,00 €	200,00 €	200,00 €	200,00 €	200,00 €	200,00 €	200,00 €	200,00 €	200,00 €	200,00 €	200,00 €	2.400,00 €
A	**Rohertrag**	**500,00 €**	**800,00 €**	**800,00 €**	**800,00 €**	**800,00 €**	**800,00 €**	**800,00 €**	**800,00 €**	**800,00 €**	**800,00 €**	**800,00 €**	**800,00 €**	**9.300,00 €**
	Vertriebskosten													
5	Werbungskosten	50,00 €	0,00 €	0,00 €	29,00 €	4,99 €	0,00 €	29,00 €	0,00 €	0,00 €	29,00 €	0,00 €	0,00 €	141,99 €
6	Fortbildung	0,00 €	0,00 €	0,00 €	0,00 €	0,00 €	0,00 €	0,00 €	0,00 €	0,00 €	0,00 €	0,00 €	0,00 €	0,00 €
7	Reisekosten	9,00 €	9,00 €	9,00 €	9,00 €	9,00 €	9,00 €	9,00 €	9,00 €	9,00 €	9,00 €	9,00 €	9,00 €	108,00 €
8	KFZ Haftpflicht Versicherung	0,00 €	0,00 €	0,00 €	0,00 €	0,00 €	0,00 €	0,00 €	0,00 €	0,00 €	0,00 €	0,00 €	0,00 €	0,00 €
9	KFZ Steuer	0,00 €	0,00 €	0,00 €	0,00 €	0,00 €	0,00 €	0,00 €	0,00 €	0,00 €	0,00 €	0,00 €	0,00 €	0,00 €
10	KFZ Betriebskosten	0,00 €	0,00 €	0,00 €	0,00 €	0,00 €	0,00 €	0,00 €	0,00 €	0,00 €	0,00 €	0,00 €	0,00 €	0,00 €
B	**Vertriebskosten gesamt**	**59,00 €**	**9,00 €**	**9,00 €**	**38,00 €**	**13,99 €**	**9,00 €**	**38,00 €**	**9,00 €**	**9,00 €**	**38,00 €**	**9,00 €**	**9,00 €**	**249,99 €**
	Verwaltungskosten													
11	Miete	100,00 €	100,00 €	100,00 €	100,00 €	100,00 €	100,00 €	100,00 €	100,00 €	100,00 €	100,00 €	100,00 €	100,00 €	1.200,00 €
12	Betriebskosten (Wasser, Strom)	60,00 €	60,00 €	60,00 €	60,00 €	60,00 €	60,00 €	60,00 €	60,00 €	60,00 €	60,00 €	60,00 €	60,00 €	720,00 €
13	Rechts- und Beratungskosten	0,00 €	0,00 €	0,00 €	0,00 €	0,00 €	0,00 €	0,00 €	0,00 €	0,00 €	0,00 €	0,00 €	0,00 €	0,00 €
14	Telefon / Fax / Internet	10,00 €	10,00 €	10,00 €	10,00 €	10,00 €	10,00 €	10,00 €	10,00 €	10,00 €	10,00 €	10,00 €	10,00 €	120,00 €
15	Bürobedarf	5,00 €	5,00 €	5,00 €	5,00 €	5,00 €	5,00 €	5,00 €	5,00 €	5,00 €	5,00 €	5,00 €	5,00 €	60,00 €
16	Zeitschriften / Bücher	0,00 €	0,00 €	0,00 €	0,00 €	0,00 €	0,00 €	0,00 €	0,00 €	0,00 €	0,00 €	0,00 €	0,00 €	0,00 €
17	Nebenkosten Geldverkehr	0,00 €	0,00 €	0,00 €	0,00 €	0,00 €	0,00 €	0,00 €	0,00 €	0,00 €	0,00 €	0,00 €	0,00 €	0,00 €
18	Beiträge / Gebühren	10,00 €	10,00 €	10,00 €	10,00 €	10,00 €	10,00 €	10,00 €	10,00 €	10,00 €	10,00 €	10,00 €	10,00 €	172,00 €
C	**Verwaltungskosten gesamt**	**237,00 €**	**185,00 €**	**185,00 €**	**185,00 €**	**185,00 €**	**185,00 €**	**185,00 €**	**185,00 €**	**185,00 €**	**185,00 €**	**185,00 €**	**185,00 €**	**2.272,00 €**
D	**Betriebsergebnis (A - B - C)**	**204,00 €**	**606,00 €**	**606,00 €**	**577,00 €**	**601,01 €**	**606,00 €**	**577,00 €**	**606,00 €**	**606,00 €**	**577,00 €**	**606,00 €**	**606,00 €**	**6.778,01 €**
19	./. Zinsaufwendungen	0,00 €	0,00 €	0,00 €	0,00 €	0,00 €	0,00 €	0,00 €	0,00 €	0,00 €	0,00 €	0,00 €	0,00 €	0,00 €
20	./. Abschreibungen für AV	56,00 €	54,00 €	54,00 €	54,00 €	54,00 €	54,00 €	54,00 €	54,00 €	54,00 €	54,00 €	54,00 €	54,00 €	650,00 €
	Finanzaufwendung gesamt	**56,00 €**	**54,00 €**	**54,00 €**	**54,00 €**	**54,00 €**	**54,00 €**	**54,00 €**	**54,00 €**	**54,00 €**	**54,00 €**	**54,00 €**	**54,00 €**	**650,00 €**
E	**Gewinn vor Steuern**	**148,00 €**	**552,00 €**	**552,00 €**	**523,00 €**	**547,01 €**	**552,00 €**	**523,00 €**	**552,00 €**	**552,00 €**	**523,00 €**	**552,00 €**	**552,00 €**	**6.128,01 €**
F	./. Steuer	133,00 €	190,00 €	190,00 €	190,00 €	190,00 €	190,00 €	190,00 €	190,00 €	190,00 €	190,00 €	190,00 €	190,00 €	2.223,00 €
G	**Jahresüberschuß/-verlust**	**15,00 €**	**362,00 €**	**362,00 €**	**333,00 €**	**357,01 €**	**362,00 €**	**333,00 €**	**362,00 €**	**362,00 €**	**333,00 €**	**362,00 €**	**362,00 €**	**3.995,01 €**

Planzahlen GuV 2012 und 2013

		monatl.	2011	monatl.	2012
	Erträge				
1	Umsatz	1.000,00	12.000,00	1.000,00	12.000,00
2	+ Sonstiger Umsatz	0,00	0,00	0,00	0,00
3					
4	./.Investitionen	0,00	0,00	0,00	0,00
A	**Rohertrag**	**1.000,00**	**12.000,00**	**1.000,00**	**12.000,00**
	Vertriebskosten				
5	Werbungskosten	11,00	132,00	11,00	132,00
6	Fortbildung	0,00	0,00	0,00	0,00
7	Reisekosten	9,00	108,00	9,00	108,00
8	KFZ Haftpflicht Versicherung	0,00	0,00	0,00	0,00
9	KFZ Steuer	0,00	0,00	0,00	0,00
10	KFZ Betriebskosten	0,00	0,00	0,00	0,00
B	**Vertriebskosten gesamt**	**20,00**	**240,00**	**20,00**	**240,00**
	Verwaltungskosten				
11	Miete	100,00	1.200,00	100,00	1.200,00
12	Betriebskosten (Wasser, Strom)	60,00	720,00	60,00	720,00
13	Rechts- und Beratungskosten	0,00	0,00	0,00	0,00
14	Telefon / Fax / Internet	10,00	120,00	10,00	120,00
15	Bürobedarf	5,00	60,00	5,00	60,00
16	Zeitschriften / Bücher	0,00	0,00	0,00	0,00
17	Nebenkosten Geldverkehr	0,00	0,00	0,00	0,00
18	Beiträge / Gebühren	14,20	170,40	14,20	170,40
C	**Verwaltungskosten gesamt**	**189,20**	**2.270,40**	**189,20**	**2.270,40**
D	**Betriebsergebnis (A - B - C)**	**790,80**	**9.489,60**	**790,80**	**9.489,60**
19	./. Zinsaufwendungen	0,00	0,00	0,00	0,00
20	./. Abschreibungen für AV	41,66	500,00	41,60	500,00
	Finanzauwendung gesamt	**41,66**	**500,00**	**41,60**	**500,00**
E	**Gewinn vor Steuern**	**749,14**	**8.989,60**	**749,20**	**8.989,60**
F	./. Steuern	190,00	2.280,00	190,00	2.280,00
G	**Jahresüberschuß/-verlust**	**559,14**	**6.709,60**	**559,20**	**6.709,60**

12.5 Liquiditätsplan

Liquiditätsplanung für das erste Geschäftsjahr in Euro

	Jan	Feb	Mär	Abp	Mai	Jun	Jul	Aug	Sep	Okt	Nov	Dez	Summe
Umsatzerlöse	1000	1000	1000	1000	1000	1000	1000	1000	1000	1000	1000	1000	12000
Gründerzuschuss	0	0	0	0	0	0	0	0	0	0	0	0	0
+ Summe der Einzahlungen (Netto)	1000	1000	1000	1000	1000	1000	1000	1000	1000	1000	1000	1000	12000
Investitionen	375	375	375	375	375	375	375	375	375	375	375	375	4500
Büromaterial/Porto	5	5	5	5	5	5	5	5	5	5	5	5	60
Telekommunikation	10	10	10	10	10	10	10	10	10	10	10	10	120
Steuerberater	0	0	0	0	0	0	0	0	0	0	0	0	0
Verband	0	0	0	0	0	0	0	0	0	0	0	0	0
KfZ-Steuer	0	0	0	0	0	0	0	0	0	0	0	0	0
Berufshaltpflicht	52	0	0	0	0	0	0	0	0	0	0	0	52
Fachbücher	0	0	0	0	0	0	0	0	0	0	0	0	0
Persönl. Weiterbildg	0	0	0	0	0	0	0	0	0	0	0	0	0
Privatentnahmen	200	200	200	200	200	200	200	200	200	200	200	200	2400
- Summe der Auszahlungen	642	590	590	590	590	590	590	590	590	590	590	590	7132
Liquiditätsüber-schuss / -defizit	358	410	410	410	410	410	410	410	410	410	410	410	4868

Liquiditätsplanung für das zweite Geschäftsjahr in Euro

	Jan	Feb	Mär	Abp	Mai	Jun	Jul	Aug	Sep	Okt	Nov	Dez	Summe
Umsatzerlöse	1000	1000	1000	1000	1000	1000	1000	1000	1000	1000	1000	1000	12000
Gründerzuschuss	0	0	0	0	0	0	0	0	0	0	0	0	0
+ Summe der Einzahlungen (Netto)	1000	1000	1000	1000	1000	1000	1000	1000	1000	1000	1000	1000	12000
Investitionen	375	375	375	375	375	375	375	375	375	375	375	375	4500
Büromaterial/Porto	5	5	5	5	5	5	5	5	5	5	5	5	60
Telekommunikation	10	10	10	10	10	10	10	10	10	10	10	10	120
Steuerberater	0	0	0	0	0	0	0	0	0	0	0	0	0
Verband	0	0	0	0	0	0	0	0	0	0	0	0	0
KfZ-Steuer	0	0	0	0	0	0	0	0	0	0	0	0	0
Berufshaftpflicht	52	0	0	0	0	0	0	0	0	0	0	0	52
Fachbücher	0	0	0	0	0	0	0	0	0	0	0	0	0
Persönl. Weiterbildg	0	0	0	0	0	0	0	0	0	0	0	0	0
Privatentnahmen	200	200	200	200	200	200	200	200	200	200	200	200	2400
- Summe der Auszahlungen	642	590	590	590	590	590	590	590	590	590	590	590	7132
Liquiditätsüber-schuss / - defizit	358	410	410	410	410	410	410	410	410	410	410	410	4868

50

Liquiditätsplanung für das dritte Geschäftsjahr in Euro

	Jan	Feb	Mär	Abp	Mai	Jun	Jul	Aug	Sep	Okt	Nov	Dez	Summe
Umsatzerlöse	1000	1000	1000	1000	1000	1000	1000	1000	1000	1000	1000	1000	12000
Gründerzuschuss	0	0	0	0	0	0	0	0	0	0	0	0	0
+ Summe der Einzahlungen (Netto)	1000	1000	1000	1000	1000	1000	1000	1000	1000	1000	1000	1000	12000
Investitionen	375	375	375	375	375	375	375	375	375	375	375	375	4500
Büromaterial/Porto	5	5	5	5	5	5	5	5	5	5	5	5	60
Telekommunikation	10	10	10	10	10	10	10	10	10	10	10	10	120
Steuerberater	0	0	0	0	0	0	0	0	0	0	0	0	0
Verband	0	0	0	0	0	0	0	0	0	0	0	0	0
KfZ-Steuer	0	0	0	0	0	0	0	0	0	0	0	0	0
Berufshaftpflicht	52	0	0	0	0	0	0	0	0	0	0	0	52
Fachbücher	0	0	0	0	0	0	0	0	0	0	0	0	0
Persönl. Weiterbildg	0	0	0	0	0	0	0	0	0	0	0	0	0
Privatentnahmen	200	200	200	200	200	200	200	200	200	200	200	200	2400
- Summe der Auszahlungen	642	590	590	590	590	590	590	590	590	590	590	590	7132
Liquiditätsüber-schuss / -defizit	358	410	410	410	410	410	410	410	410	410	410	410	4868

51